Dieses Buch gehört

Liebe Eltern,

wir wollen Ihr Kind beim Lesenlernen unterstützen, und zwar mit Geschichten, die Spaß machen.

Unsere Bücher mit dem liebenswerten Leselöwen begleiten Ihr Kind durch die 2. Klasse. Sie enthalten drei bis vier Geschichten zu einem spannenden Thema, mit einfachen Sätzen und gut lesbarer Schrift. Viele bunte Bilder sorgen für Lesepausen und helfen, die Geschichten zu verstehen. Mit den Aufgaben zum Text kann Ihr Kind selbst prüfen, ob es den Text richtig verstanden hat. Zu den markierten Wörtern warten am Ende des Buches spannende Fakten und in unserem Online-Portal finden Sie viele weitere Extras!

So wird Ihr Sohn oder Ihre Tochter zum echten Leselöwen!

Ihr
Leselöwe

Leselöwen

THiLO

Vollgas auf der Rennstrecke

Illustriert von Michael Böhm

Loewe

www.leseloewen.de

FSC
www.fsc.org
MIX
Papier aus verantwortungsvollen Quellen
FSC® C109273

ISBN 978-3-7432-0300-6
3. Auflage 2021

Umschlag- und Innenillustrationen: Michael Böhm
Umschlaggestaltung: Michael Dietrich
Vignetten Leselöwe und Sticker: Angelika Stubner
Printed in the EU

www.loewe-verlag.de

Inhalt

Seifenkisten bauen 8
Vater gegen Sohn 19
Auf der Formel-1-Strecke 30
Das entscheidende Rennen 41

Seifenkisten bauen

Jonas freut sich
ein Loch in den Bauch.
Endlich hat sein Vater mal wieder
Zeit für ihn.

Niklas Eckstein ist nämlich
ein sehr berühmter Rennfahrer.
Fast jedes Wochenende
fährt er irgendwo auf der Welt
ein wichtiges Formel-1-Rennen.

Jonas sieht dann am Fernseher zu.
Natürlich drückt er
seinem Vater die Daumen.
Und es hilft.
Niklas Eckstein gewinnt
fast immer.

Heute aber sitzen die beiden

vor der Garage.

Sie basteln an ihren **Seifenkisten**.

Jonas an seiner kleinen,

Papa an der großen.

Sie sehen schon fast wie

echte Formel-1-**Boliden** aus.

Nur haben sie kein Gaspedal.

Mit ihnen fährt man nur bergab.

„Gib mir mal das Lenkrad“,
sagt Niklas.
Jonas springt auf
und holt es aus der Garage.
Er bringt auch den 16er-Schlüssel mit.
Den brauchen sie für
die dicksten Schrauben.

Niklas Eckstein steckt das Lenkrad
an die Lenkstange.
Jonas schraubt es fest.
Er dreht es nach links.
Die Vorderräder machen das Gleiche.

„Super!“, lobt sein Vater.
„Jetzt noch ein bisschen Farbe,
und es kann losgehen.“
Den Rest des Nachmittags
streichen die beiden ihre Fahrzeuge.

Dann gibt es Streit.

Aber nur zum Spaß.

Jonas will die Startnummer 16

auf die Seite malen.

Papa auch.

Das ist im Rennen seine Glückszahl.

Schließlich gibt Jonas nach.

Jonas nimmt stattdessen die 8.

So alt ist er schließlich.

„Die wird mir auch Glück bringen!“,

glaubt er.

Sein Vater sieht auf die Uhr.

„Jetzt muss ich mich
auf nächste Woche vorbereiten“,
sagt Papa.
Jonas ist enttäuscht.
„Oder fahren wir noch ein Rennen?“
Papa zwinkert Jonas zu.
„Klar!“ Jonas lacht.

Vater gegen Sohn

Jonas' Herz klopft bis zum Hals.
Niklas Eckstein ist sein Vater.
Aber auch ein berühmter
und sehr guter Rennfahrer.
Poster von ihm hängen
in vielen Kinderzimmern.
Und nun fahren sie
ein Rennen gegeneinander!

Die beiden schieben
ihre Seifenkisten auf den Berg.
Jonas grinst.
„Und was bekomme ich,
wenn ich gewinne?“,
will er wissen.

Niklas Eckstein ist sicher,
dass er selbst gewinnt.
„Dann fahre ich mit dir
eine Runde auf der Rennbahn“,
verspricht er deshalb.
Kinder mitzunehmen
ist eigentlich verboten.

Jonas bekommt einen roten Kopf.

Er muss gewinnen!

Das hier ist

kein Rennen zum Spaß.

Das ist bitterer Ernst!

Auf dem Berg angekommen,
zieht Jonas einen Strich.
Das ist die Startlinie.
Wegen Bauarbeiten ist
die Straße gesperrt.
Die beiden haben also freie Bahn.

Sie stellen ihre Seifenkisten
nebeneinander auf.
„Der Baum da unten ist das Ziel“,
bestimmt Jonas.

„Drei, zwei, eins, Start!“,
zählt Niklas Eckstein herunter.
Sofort lässt Jonas
seine Bremse los.
Trotzdem ist sein Vater
schon vorne.

Jonas rast abwärts.
Der Abstand ist noch
nicht zu groß.
Mutig zieht er den Kopf ein.

Niklas Eckstein gibt alles.
Nie würde er seinen Sohn
extra gewinnen lassen.
Jonas ist ja kein Baby mehr,
das nicht verlieren kann.

Der Baum kommt näher und näher.

Jonas hat nicht mehr viel Zeit.

Sie fahren in die letzte Kurve.

Papa ist nur noch

kurz vor ihm.

Außen ist viel Platz.

Aber der Weg ist länger.

Jonas entscheidet blitzschnell.
Er reißt den Lenker herum
und fährt innen vorbei.
Die Räder qualmen.
Aber es klappt.
Jonas gewinnt um Haaresbreite!

Auf der Formel-1-Strecke

Jonas ist aufgeregt.
Heute muss Papa
ihn mitfahren lassen.
Jonas läuft mit ihm
durch die Boxengasse.
Sie sind auf der
Formel-1-Strecke in Belgien.

Staunend sieht Jonas sich um.

Überall stehen Formel-1-Wagen.

Mechaniker schrauben

an ihnen herum.

Alle grüßen,

denn jeder kennt seinen Vater.

Jonas ist mächtig stolz.

Dann kommen sie an die Box
von Niklas' Rennstall.
Jonas bemerkt den Boliden sofort.
Das Auto kennt er ja
aus dem Fernsehen.
Auf der Seite ist die 16,
die Glückszahl von seinem Vater.

Papa und Jonas tragen Rennanzüge.
Jonas bekommt auch einen Helm.
Das ist Vorschrift.
Im Spiegel sieht Jonas
wie ein richtiger
Formel-1-Pilot aus.

Als Niklas Eckstein
mit Jonas einsteigt,
sehen alle Mechaniker kurz weg.
So kann auch niemand
die Fahrt verbieten.

Im Cockpit ist es für
zwei Piloten sehr eng.
Jonas' Vater ist sofort
hoch konzentriert.
Er drückt ein paar Knöpfe.
Dann heult der Motor auf.

Über Kopfhörer bekommt
Niklas Eckstein Anweisungen.
Endlich ist die Strecke frei.
Papa drückt auf das Gaspedal.
Wie ein freigelassenes Wildpferd
rast der Wagen los.

Doch das war noch gar nichts!

Als sie aus der Boxengasse sind,

gibt sein Vater richtig Gas.

Jonas wird hin und her geschüttelt.

Papa nimmt jede Kurve perfekt.

Die Strecke ist
sieben Kilometer lang.
Aber Papa braucht dafür
nur 120 Sekunden.
Der Tacho geht über
220 Stundenkilometer!
Wahnsinn!

Vor der letzten Kurve
ist ein anderer Fahrer,
Luis Hammerton.
Er macht Niklas Eckstein
keinen Platz.
„Geh innen vorbei!“,
brüllt Jonas.

Doch sein Vater entscheidet sich
für die Außenbahn.
Luis gibt noch mal Gas.
Papa kommt hinter ihm
ins Ziel.
Trotzdem waren es die tollsten
zwei Minuten in Jonas' Leben.

Das entscheidende Rennen

Am folgenden Tag wird es ernst.
Es ist das letzte Rennen
der ganzen **Saison**.
Wer wird Weltmeister,
Niklas Eckstein oder
Luis Hammerton?

Fast die ganze Welt hockt gespannt
vor dem Fernseher.
Jonas aber ist live dabei.
Kurz vor dem Rennen darf er
noch mal zu seinem Vater.

In der Boxengasse holt Jonas
einen Stift aus der Tasche.
Auf dem Boliden seines Vaters
steht immer noch die 16.
Aber er malt nun
eine dicke 8 daneben.

Jonas lacht.

„Wenn ich dich damit besiege,
ist meine Glückszahl besser“,
sagt er.

„Außerdem denkst du dann
immer an mich.“

„Das tue ich sowieso“,
antwortet Papa.
Er drückt seinen Sohn ganz fest.
„Und wenn es eng wird,
zieh innen vorbei!“,
rät Jonas.
Niklas Eckstein verspricht es.

Nun muss Jonas
die Boxengasse verlassen.
Der Leiter des Rennstalls
bringt ihn auf die Tribüne.
Jonas sitzt direkt am Ziel.

Alle zwanzig Fahrer sind am Start.

Niklas Eckstein war

im **Qualifying** Zweiter,

Luis Hammerton Erster.

Er startet von der **Poleposition**.

Beim Startzeichen rasen alle los.
30 Runden lang
jagen sich Niklas und Luis.
Mal ist der eine vorne,
mal der andere.
Wer heute gewinnt,
ist Weltmeister.

Dann muss Niklas Eckstein in die Box
zum Reifen wechseln.
Zum Glück klappt alles.
Doch Luis ist noch schneller.
Er ist als Erster
wieder auf der Strecke.

Vor der letzten Kurve
ist Luis Hammerton
immer noch vorne.
Er versucht, Niklas
den Weg zu versperren.
Nur noch wenige Meter!

„Zieh innen vorbei!“,
brüllt Jonas.
Er springt vom Sitz auf.
Und was macht sein Vater?
Er drückt sich innen
an Luis vorbei.
Dann sind beide im Ziel.

Erst das Zielfoto entscheidet.

Der Wagen mit der Nummer 16

war einen Hauch vorne.

Niklas Eckstein fährt

eine Ehrenrunde.

Klar, er ist Weltmeister!

Zur Siegerehrung holt Papa
seinen Sohn zu sich.
Jonas darf den Pokal
in die Luft heben.
„Ohne dich und unser Rennen
wäre ich nicht Weltmeister!“,
sagt sein Vater lachend.

Fragen und Antworten

1. Welchen Beruf hat Jonas' Vater? Bringe die Buchstaben in die richtige Reihenfolge.

FERNHERRAN

Antwort: Rennfahrer

2. Welche Seifenkiste gehört wem? Verbinde die Bilder von Jonas und Niklas mit den richtigen Fahrzeugen.

Antwort: Jonas fährt die Nummer 8,
Niklas fährt die Nummer 16.

3. Wie alt ist Jonas? Rechne aus und kreuze an.

- ☐ 22-8= ____
- ☐ 20-8= ____
- ☐ 16-8= ____

Antwort: 16-8=8 Jahre

4. Welcher Satz ist richtig? Kreuze an. Wenn Jonas das Rennen gegen seinen Vater gewinnt, darf er ….

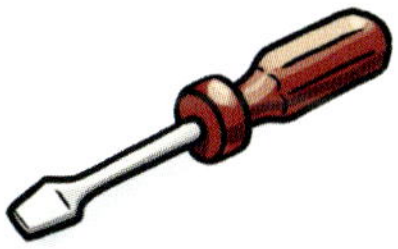

- ☐ … den Rennwagen selbst fahren.
- ☐ … im Rennwagen mitfahren.
- ☐ … länger aufbleiben.

Antwort: … im Rennwagen mitfahren.

5. Weshalb ist die Straße für Autos gesperrt, sodass die beiden freie Bahn für das Rennen haben? Bringe die Silben in die richtige Reihenfolge.

BEI TEN AR BAU

Antwort: Bauarbeiten

Fragen und Antworten

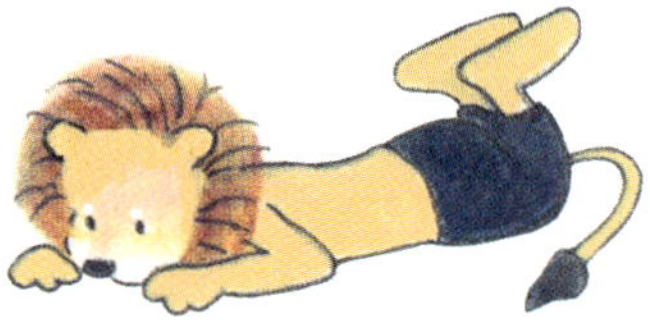

6. Wie geht das Rennen zwischen Vater und Sohn aus? Trage das fehlende Wort ein.

Jonas gewinnt um ___________breite!

Antwort: Jonas gewinnt um Haaresbreite.

7. Wie heißt der andere Rennfahrer in der Geschichte? Kreuze an.

- ☐ Luis Schrauberton
- ☐ Luis Zangenton
- ☐ Luis Hammerton

Antwort: Luis Hammerton

8. Warum ist dieses Rennen besonders wichtig? Kreuze an.

- ☐ Weil es das letzte Rennen der Saison ist.
- ☐ Weil es das erste Rennen der Saison ist.
- ☐ Weil Jonas auf der Tribüne sitzt und zuschaut.

Antwort: Weil es das letzte Rennen der Saison ist.

9. Wer wird Weltmeister? Kreise ein.

Antwort: Jonas' Papa Niklas Eckstein

10. Findest du die vier Wörter aus der Geschichte im Buchstabengitter?

Z	I	E	L	R	D	P
U	W	E	E	D	E	O
J	U	N	N	O	R	K
N	E	T	K	P	I	A
A	U	S	R	U	T	L
S	R	T	A	C	H	O
S	T	A	D	M	H	O

Antwort: Ziel, Lenkrad, Tacho, Pokal

Schon gewusst?

Seifenkisten (Seite 11):

Seifenkisten nennt man selbst gebaute kleine Rennautos ohne Motor. Früher baute man sie tatsächlich aus Kisten, in denen Seife transportiert wurde, daher haben sie ihren Namen.

Boliden (Seite 12):

In der Sternenkunde ist ein Bolide ein sehr heller Meteor. Das Wort kommt vom griechischen Wort „bolis“ für „Geschoss“. Deshalb werden auch Rennautos Boliden genannt.

Saison (Seite 41):

Saison ist ein französisches Wort und bedeutet Jahreszeit. Es steht aber nicht nur für Frühjahr, Sommer, Herbst und Winter, sondern auch für sportliche

Ereignisse, die jedes Jahr im gleichen Zeitabschnitt stattfinden. Dazu gehören zum Beispiel Formel-1-Rennen oder auch die Fußball-Bundesliga.

Qualifying (Seite 47):

Das Qualifying ist wie eine Art Vor-Rennen, in dem darüber entschieden wird, welcher Fahrer im richtigen Rennen von welcher Position startet.

Poleposition (Seite 47):

Wer das Qualifying am besten abschließt, startet im Rennen aus der Poleposition. Das Wort kommt aus dem Pferderenn-sport. „Pole" bedeutet „Pfosten". Wer auf der Innen-bahn starten darf, direkt neben den Holzpfosten, muss die kürzeste Strecke zurücklegen und hat einen Vorteil.

Blättere schnell um und trage die roten Buchstaben in der richtigen Reihenfolge in die Kästchen ein!

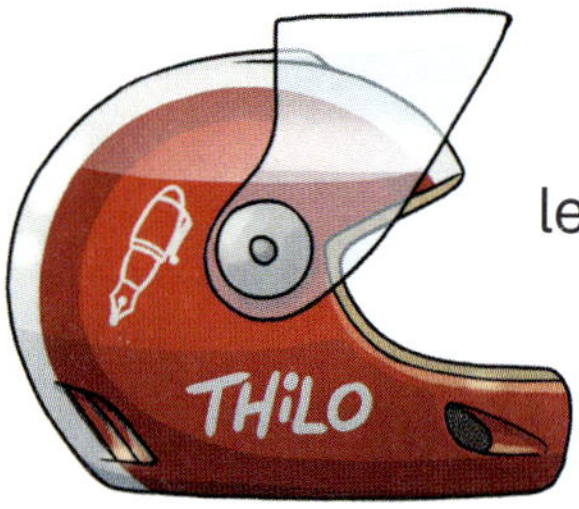

Die ersten 20 Lebensjahre verbrachte THiLO in der Kinderecke der elterlichen Buchhandlung. Heute lebt er mit seiner Familie in Mainz und schreibt neben seinen Romanen auch Drehbücher fürs Fernsehen. Mehr über THiLO und seine Geschichten erfahrt ihr im Internet unter www.thilos-gute-seite.de.

Michael Böhm, 1974 in Dortmund geboren, lebt mit seiner Frau in Hamburg. Seit er ein kleiner Junge war, zeichnet er am liebsten alles, was Räder hat, und konnte das Hobby zum Beruf machen. In der Freizeit schraubt er auch gern an seinem alten Auto rum.
Mehr über Michael Böhm erfahrt ihr unter www.digillani.de.

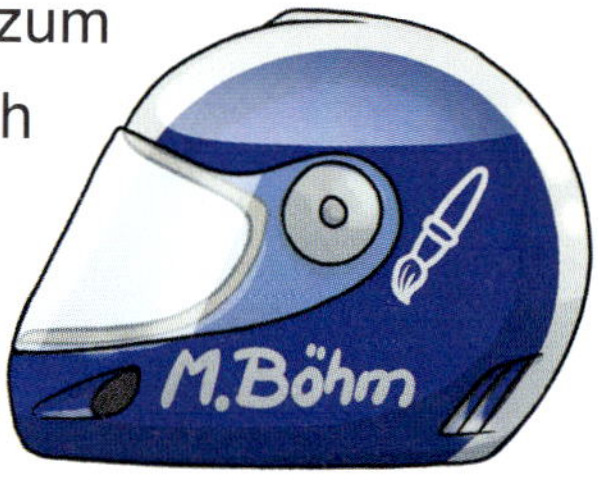

Das Leselöwen-Lösungswort

Besuche den Leselöwen auf www.leseloewen.de und trage die farbigen Buchstaben von den Seiten *Schon gewusst?* in der richtigen Reihenfolge in die magische Box ein.

Wenn du das Lösungswort gefunden hast, kommst du auf die geheime Seite mit vielen weiteren Spielen und Rätseln!

Der Leselöwe freut sich auf dich!